I0155146

8°Yth
406

ALFRED LE GRAND,

BALLET-PANTOMIME

EN TROIS ACTES,

PAR M. AUMER,

MAITRE DE BALLETS DE L'ACADÉMIE ROYALE DE MUSIQUE;

Musique de M. W. ROBERT, comte de Gallemberg,

DÉCORS DE M. CYCÉRI,

Représenté pour la première fois à Paris, sur le Théâtre de l'Académie royale de Musique, le 18 Septembre 1822.

~~~~~~~~~~~~~~~

PRIX : 1 FRANC 5o CENT.

~~~~~~~~~~~~~~~

PARIS,

CHEZ J-N. BARBA, LIBRAIRE,

ÉDITEUR DES ŒUVRES DE MM. PIGAULT-LEBRUN, PICARD,
ET ALEX. DUVAL,

PALAIS-ROYAL, DERRIÈRE LE THÉÂTRE FRANÇAIS, n°. 51.

1822.

IMPRIMERIÉ DE HOCQUET.

NOTE HISTORIQUE.

L'ANGLETERRE était agitée par des troubles
continuels. Il fallait une main ferme pour tenir
les rênes d'un Etat languissant et livré à l'anar-
chie. Le vœu public, les dernières volontés du
Monarque régnant, appelèrent *Alfred* au trône.

L'éducation de ce jeune Roi fut très-négligée,
il avait douze ans lorsqu'on lui donna les pre-
mières leçons; mais son génie se développa
bientôt de lui-même, et les sciences, les arts
qu'il cultiva avec passion, firent bientôt sa gloire
et celle de l'Angleterre. Par goût, il eût con-
sacré sa vie à des travaux utiles, agréables, si
les malheurs de sa patrie n'eussent réclamé le
secours de son bras; n'eussent excité son courage. Les Danois ravageaient son pays, il fallait
combattre, il combattit.

Le succès ne couronna pas d'abord ses entre-
prises militaires. Sans cesse harcelées par les
Danois, souvent vainqueurs, les troupes d'Alfred perdirent courage, et ce grand capitaine fut
réduit à se cacher pendant six mois, sous les
habits d'un berger. Alors, condamné à des travaux serviles, il ne pouvait que faire des vœux
pour sa patrie. Ces vœux furent accomplis. Les

Danois ayant perdu en combattant l'étendard enchanté qu'ils regardaient comme leur palladium, Alfred crût le moment favorable pour reprendre les armes. Déguisé en joueur de harpe, il pénètre dans le camp ennemi, observe, s'assure de l'aveugle sécurité des Danois, et bientôt de retour au milieu des siens, il marche au combat ou plutôt à la victoire. L'ennemi est vaincu. Alfred est Roi.

Ce Monarque mérita la couronne par son amour pour la justice, sa grandeur d'âme, et ses brillantes actions. Il l'honora par la renaissance des lettres, par la protection accordée au commerce et par la création d'une marine, premier fondement de la gloire des Anglais.

PERSONNAGES.	ARTISTES.
ALFRED, roi des Anglo-Saxons, déguisé en paysan et connu sous le nom de Wulf,	M. *Albert.*
OLIVER, jeune Page déguisé en paysan,	Mlle. *Bigottini.*
Le comte ÉDELBERT, seigneur du canton,	M. *Millon.*
ALSWITHE, sa fille,	Mme. *Anatole.*
ODUN, chef des Saxons,	M. *Mont-Joie.*
GODRUN, chef des Danois,	M. *Mérante.*
OSKITEL, } lieutenants Danois,	M. *Godefroi.*
AMUND, } nois,	M. *Seuriot.*
DENULF, ancien militaire et fermier,	M. *Aumer.*
Mme. DENULF, son épouse,	Mme. *Elie.*
BERTHA, sa fille,	Mlle. *Julie Aumer.*
ADELMO, prétendu de Bertha,	M. *Coulon.*
Un MAGISTRAT,	M. *Chatillon.*

Juges des jeux, Villageois,
Villageoises.
Chevaliers Saxons.
Soldats Danois et Saxons.

Nota. Plusieúrs morceaux de Musique sont de la composition de M. Gustave Dugozon.

DANSE DU I.er. ACTE.

PAS DE DEUX.

M.	M.lle.
Coulon,	Julie Aumer.

PAS DE TROIS.

MM.	M.mes.
Ferdinand ,	Marinette.
	Paul-Montessu.

PAS DE DEUX.

M.	M.lle.
Albert,	Fanny Bias.

FINALE.

M.	M.mes.
Coulon,	Bigottini.
Ferdinand ,	Marinette.
	Julie Aumer.
	Paul-Montessu.

CORIPHÉES.

MM.	Mmes.
Auguste,	Seuriot 1re.
Richard 2,	Pérès.
Mignot,	Kaniel.
Lefebvre,	Joly.

CORPS DE BALLET.

Mmes Pequeux, Pupet, Groneau, Martin, Guiffard, Faucher 1re, Galais, Faucher 2me, Beautain, Vincent, Pillain, Gondouin.

MM. Angeline, Lemonier, Fourcisi, Beaupré, Bassompierre, Anquetil, Pausard, Seuriot 2e, Bertrand 2me, Athalie, Noblet, Le Roux.

———

DEUXIÈME ACTE.

PAS DE FEMMES.

MM^{es}. Anatole, Aurélie, Brocard 1re.
Seuriot 1er, Pérès, Kaniel, Joly, Adélaïde,
Aline, Mont-Joie, Naderkor, Brocard 2e,
Brécourt, Géneveaux, Boucher, Proche ;
Coulon, Eléonore, Pas-de-Loup.

PAGES.

Hullin 2e, Péan, Aimée, Constance, Keppler,
Didier.

Changement de décor.

SALLE D'ARMES.

Marche.

CHEVALIERS et DAMES.

MM.	M^{es}.	MM.
L'Enfant,	Copère 2e,	Galais.
Banse,	Fourcisi,	Chatillon.

MM.	Mlles.	MM.

MM.	Mlles.	MM.
Bassin,	Julie,	Guillet.
Deshayes,	Beaupré,	Lenoir.
Isambert,	Pas-de-Loup.	
Faucher 2e,	Eléonore.	
Pillain,	Proche.	
Lefebvre,	Génevaux.	
Rivierre,	Brocard 2e.	
Elie,	Naderkor.	

MM.	Mmes.
Petit,	Seuriot 1re.
L'Enfant 2e,	Kaniel.
Romain,	Brecourt.
Pupet,	Adélaïde.
Richard 2e,	Montjoie.
Mignot,	Aline.
	Pérès.
	Joly.

MM.	Mmes.
Milon,	Bigottini.
Albert,	Montjoie.
	Brocard.
	Idalise.
	Anatole.
	Hullin.

PAGES.

Mmes

Hullin 2e,	Péan,	Aimée.
Constance,	Keppler,	Didier.

Danse.

PAS DE TROIS.

Mmes.

Hullin.
Brocard.
Idalise.

PAS DE TROIS.

M.   Mmes.

Mont-joie,   Anatole.
                     Fanny.

PAS DE CINQ.

M.   Mmes:

Albert: Aimée.
                     Aurélie:

Mmes.

Buron.
Emilie Lacroix.

FINALE.

Tous les premiers Sujets ci-dessus, les Coryphées et le Corps de Ballet.

TROISIÈME ACTE.

CAMP DES DANOIS.

GUERRIÈRES DANOISES.

Mmes. Gaillet, Vigneron ou Copère 1re, Aubry, Emilie Lacroix.

CORPS DE BALLET.

Mmes. Adélaïde, Aline, Montjoie, Naderkor, Brocard 2e, Fourcisi, Génevaux, Brécourt, Beaupré, Boucher, Podevin, Coulon, Copère 2e, Eléonore, Proche, Pas-de-Loup.

GUERRIERS DANOIS.

MM. Mignot, Richard 2e, Petit, Romain, Faucher 1er, Lefebvre, Elie, Chatillon, Banse, Isambert, Vincent, Pillain, Bassin, L'Enfant 2e, Deshayes, Faucher 2e.

Mmes.

Buron.

Emilie Lacroix.

FINALE.

Tous les premiers Sujets ci-dessus, les Coryphées et le Corps de Ballet.

TROISIÈME ACTE.

CAMP DES DANOIS.

GUERRIÈRES DANOISES.

Mmes. Gaillet, Vigneron ou Copère 1re, Aubry, Emilie Lacroix.

CORPS DE BALLET.

Mmes. Adélaïde, Aline, Montjoie, Naderkor, Brocard 2e, Fourcisi, Génevaux, Brécourt, Beaupré, Boucher, Podevin, Coulon, Copère 2e, Eléonore, Proche, Pas-de-Loup.

GUERRIERS DANOIS.

MM. Mignot, Richard 2e, Petit, Romain, Faucher 1er, Lefebvre, Elie, Chatillon, Banse, Isambert, Vincent, Pillain, Bassin, L'Enfant 2e, Deshayes, Faucher 2e.

Mmes.

Buron.
Emilie Lacroix.

FINALE.

Tous les premiers Sujets ci-dessus, les Cor-
ryphées et le Corps de Ballet.

TROISIÈME ACTE.

CAMP DES DANOIS.

GUERRIÈRES DANOISES.

Mmes. Gaillet, Vigneron ou Copère 1re, Aubry, Emilie Lacroix.

CORPS DE BALLET.

Mmes. Adélaïde, Aline, Montjoie, Naderkor, Brocard 2e, Fourcisi, Génevaux, Brécourt, Beaupré, Boucher, Podevin, Coulon, Copère 2e, Eléonore, Proche, Pas-de-Loup.

GUERRIERS DANOIS.

MM. Mignot, Richard 2e, Petit, Romain, Faucher 1er, Lefebvre, Elie, Chatillon, Banse, Isambert, Vincent, Pillain, Bassin, L'Enfant 2e, Deshayes, Faucher 2e.

VILLAGEOIS ET VILLAGÉOISES.

MM. Péqueux, Groneau, Martin, Guiffard, Beautain, Gondouin, Ropiquet, Crombé.

Mmes. Angéline, Lemonier, Seuriot 2e, Pansard, Bassompierre, Anquetil, Noblet, Athalie.

JEUNES FILLES.

Mlles. Aline 2e, Guet, Bernard, Cava, Picot, Le Roux.

MUSIQUE MILITAIRE.

ALFRED LE GRAND,

BALLET-PANTOMIME;

ACTE PREMIER.

*Le Théâtre représente le village d'Althe-
ney, situé dans le comté de Sommerset.
A droite, est l'habitation du fermier
Dénulf. A gauche, des arbres ombragent
un trône de verdure. Dans le fond des
collines, et le château du comte Edelbert.*

SCÈNE PREMIÈRE.

Le Magistrat du comté de Sommerset a
rassemblé les Villageois et Villageoises pour
la fête qui doit être préparée en l'honneur
de la plus vertueuse des jeunes filles d'Altheney.

Le comte Edelbert et sa fille Alswithe
distribuent quelques dons et remettent au

magistrat la dot qu'ils ont coutume d'offrir.

La couronne est prête ; les noms de chacune des prétendantes sont inscrits, on part pour procéder au choix. Parmi les jeunes gens on remarque le jeune Adelmo qui fait des vœux pour sa bien-aimée Bertha. Il s'éloigne le dernier avec espoir et inquiétude.

Le comte Edelbert et sa fille retournent au château.

SCÈNE II.

A peine les habitans d'Altheney se sont-ils éloignés, qu'on aperçoit sur la colline deux paysans qui fuyent et semblent craindre d'être poursuivis... L'un a le maintien noble, et paraît indigné d'être obligé de recourir à la fuite... C'est Alfred, tout le fait reconnaître. L'autre est son jeune page, fidèle compagnon de ses malheurs.

Accablés de fatigue, ils s'avancent avec précaution en jetant autour d'eux des regards inquiets. En ce moment Oliver s'aperçoit que le manteau d'Alfred est entr'ouvert, que les signes de la royauté peuvent être vus. Il les cache avec tant de précipitation, que le roi en est ému de reconnaissance.

Mais où trouver un asile? le jeune page s'inquiète, s'alarme de la situation d'Alfred. Celui-ci le rassure, et même l'engage à retourner dans sa famille, plutôt que de s'exposer à la misère, à la mort peut-être. Oliver refuse, il suivra son roi et partagera tous ses dangers. Alfred lui tend les bras, le jeune page s'y précipite avec ivresse.

Tout-à-coup une marche guerrière se fait entendre. Oliver n'a que le temps de faire refugier son maître derrière un buisson, et de se placer devant pour le cacher, pour le couvrir de son corps, s'il est possible.

SCÈNE III.

Les Danois s'avancent. Le page frémit, respire à peine, on va l'interroger... son trouble le trahira! le roi est perdu!.. Heu-

reusement les soldats prennent une route
opposée et disparaissent.

SCÈNE IV.

Remis de sa frayeur, Oliver invite le roi
sortir du buisson, et lui montrant une
chaumière qui se trouve en face, il le dé-
cide à y solliciter quelques secours.

SCENE V.

Oliver frappe, une jeune fille se présente, la prière du page l'intéresse, elle
apporte un panier de fruits, un vase de
laitage et en reçoit pour récompense un
baiser sur la main dont elle feint d'être cou-
roucée, lorsque sa mère paraît à la fenêtre.

SCENE VI.

Celle-ci descend précipitament, gronde
le page et sa fille, les menace tous deux,
veut les séparer...

SCENE VII.

Le père, le brave Denulf, ancien militaire
retiré dans son village après avoir servi son
roi, arrive à temps pour tout concilier. Il
donne raison à sa femme, fait presque en
riant une remontrance au page, et finit par
applaudir à la bonne action de sa fille qui
a secouru deux voyageurs malheureux.

Après cette scène de famille, Denulf
aperçoit Alfred ; il s'approche de lui, le
regarde, et tout à coup témoigne secrète-
ment la plus vive surprise : il ne sait s'il doit
en croire ses yeux... c'est le roi... Mais bientôt il pense que c'est une erreur, une illu-
sion, en voyant Alfred lui demander, de l'air
le plus humble, l'hospitalité pour lui et pour
son compaguon, et offrir même d'être au
nombre du dernier de ses pâtres, sous le
nom de Wulf. A cette prière, la joie éclate
dans les yeux de la jeune fille, et ne fait
qu'augmenter quand son père cède aux désirs d'Alfred.

Madame Denulf qui ne peut aller contre la
volonté de son mari, demande du moins
l'éloignement du jeune Oliver. Denulf va y
consentir; Alfred lui dit que rien ne pourra
le séparer de son compagnon d'infortune.
Oliver restera donc, et Madame Denulf, au
comble du dépit, est encore obligée, sur l'ordre de son mari, de préparer un repas sous
les grands chênes qui ombragent son habitation. Elle sort avec sa fille, en témoignant
de l'humeur et même de la colère.

SCENE VIII.

A peine est-elle partie avec Bertha, qu'Alfred prend avec émotion la main du brave
fermier, et semble dire que le roi est mé-
connu de ses sujets. Denulf, que ce doute
offense, montre la marque d'honneur qu'il
a reçu de son souverain. Alfred répond à
cette preuve de dévouement, en décou-
vrant son sein, en montrant les signes de
la royauté. Quelle est la joie du vieux ser-
viteur d'Alfred, il n'en peut plus douter,

c'est son roi! il va tomber à ses genoux, Alfred lui ouvre ses bras. Denulf s'y jette avec délire.

Pendant cette scène intéressante, Oliver qui observe tout, remercie le ciel d'une rencontre si utile à son maître.

SCÈNE IX.

Madame Denulf et sa fille reviennent avec la table couverte de mets rustiques, et la mettent sous l'ombre des gros arbres. Chacun prend sa place, Denulf s'avance pour donner la première à Alfred, celui-ci l'arrête par un signe et se met modestement au bout de la table; le page rêveur va s'asseoir sur un banc.

Le repas commence ; le bon fermier, toujours occupé d'Alfred, est prêt à tout moment à le servir le premier, mais toujours retenu par les regards de son roi, il craint d'être indiscret. Cependant il faut qu'il signale son attachement pour son malheureux souverain. Il remplit les coupes,

montre sur son cœur les armes de son maître,
de son roi, qu'il a reçus comme signes de
bravoure, et dit : *Buvons au grand Alfred.*
Chacun s'empresse de lui obéir, et c'est
avec bien de la peine qu'Alfred et son page
contiennent les mouvemens de la joie et
les larmes de la reconnaissance.

L'usage, après chaque repas, est de se
livrer aux jeux que provoque la musique.
Denulf propose à sa fille d'essayer quelques
pas de danse, le page demande la permission d'être le cavalier de Bertha, et Alfred
saisissant le luth antique, veut contribuer
aux plaisirs de ses hôtes.

Quelle est la susprise de Madame Denulf en
écoutant les sons harmonieux qui naissent
sous les doigts d'Alfred; elle commence à
le voir avec moins de répugnance, et va
même lui adresser quelques complimens,
lorsqu'aux accords du luth viennent se mêler
les sons des haut-bois et des fifres.

SCENE X.

La danse de Bertha et d'Oliver cesse aussitôt. Chacun court au devant du cortège qui vient proclamer le triomphe de celle des jeunes filles désignée comme la plus vertueuse, et qui doit épouser le vainqueur des jeux proposés. C'est Bertha: les villageois la conduisent à la place préparée pour elle, sous un dais de verdure et de fleurs, sa mère et son père sont à ses côtés.

Les jeux commencent; il faut pour remporter la victoire, abattre un épervier attaché sur la cime d'un arbre. Tous les concurrens sont en présence, et chacun d'eux, après avoir présenté à Bertha le bouquet de roses blanches, symbole de la virginité, lance la flèche meurtrière. Aucune n'atteint l'oiseau, gage de la victoire, Adelmo lui-même, pour qui Bertha faisait des vœux si ardens, Adelmo est arrivé seulement le plus près du but. Le prix n'est donc pas remporté. Alfred se présente; il demande la permission de concourir, elle lui est accordée. Il ajuste, le trait vole et la flèche triomphante frappe l'épervier.

La joie du bon fermier n'est comparable qu'à la douleur de Bertha, à la confusion d'Adelmo. Tous ces sentimens divers augmentent encore de force, lorsque Alfred vainqueur à tous les jeux, même à ceux de la danse où l'amant de Bertha semblait devoir l'emporter, reçoit la couronne due à son adresse, à sa force, à sa grâce. C'est Alfred qui, d'après la récompense promise, doit épouser la fille du fermier. Denulf sourit, Bertha pleure, Adelmo est au désespoir. Alfred jouit un moment de cette situation, et voyant leur profonde douleur, signe certain de leur amour, il les unit l'un à l'autre. La surprise est générale. Adelmo saisi de joie et d'étonnement, se livre à des démonstrations d'une folle ivresse, surtout lorsqu'il voit que son union est approuvée par la famille de celle qu'il aime.

Mais si Alfred a renoncé aux avantages

du triomphe, il doit, comme vainqueur, pré-
sider à la fête. On le conduit sur le trône
de verdure préparé pour la cérémonie, et
le bonheur de tout ce qui l'entoure lui rap-
pelant ses chagrins, il tombe malgré lui dans
une sombre mélancolie. Le page et le fermier qui seuls connaissent les motifs de sa
douleur, l'observent avec inquiétude, tous
les autres se livrent aux plaisirs de la fête.

SCÈNE XI.

Au milieu des bruyans éclats d'une joie
franche et vive, un officier Danois et quelques soldats se présentent, leur arrivée
suspend tous les jeux. Ils viennent faire
connaître l'ordre qui condamne à mort celui qui recélera Alfred fugitif. Denulf et le
page se pressent autour du roi, sont prêts
à mourir pour lui s'il est reconnu; mais
l'officier se retire sans faire aucune recher-
che.

SCÈNE XII.

Les villageois sont d'abord consternés de
cet ordre, mais réfléchissant ensuite qu'ils
n'ont rien à craindre, qu'Alfred n'est point
dans la vallée d'Althemy, reprennent leur
gaîté et vont recommencer leurs danses...
Un nouvel incident les arrête.

SCENE XIII.

On aperçoit sur la coline une femme qui
se débat au milieu des guerriers Danois
pour voler dans les bras de son père. Ses
habits annoncent une personne d'un rang
distingué. En effet c'est la fille du comte
Edelbert. Quels que soient ses efforts pour
atteindre l'auteur de ses jours, entrainé par
des soldats cruels, elle en est séparée. Dans
son désespoir, elle accourt auprès des villageois, invoque leur assistance, prie, supplie,
conjure de sauver son père. Alfred oubliant
tous les dangers qu'il court lui-même, attendri par la position, par les larmes de la

jeune comtesse, se met à la tête des habitans
qui prennent toutes les armes qu'ils peuvent
trouver. Accompagné de Denulf et d'Oliver,
il marche à la défense du comte Edelbert et
promet de le délivrer.

Pendant cet essor d'une noble ardeur,
Bertha, sa mère et toutes les villageoises
font des vœux pour le succès des armes de
ces généreux défenseurs.

L'ardeur guerrière des habitans gravissant
les montagnes, les prières des femmes de
la vallée d'Althemy, forment un tableau di-
gne d'intérêt.

FIN DU PREMIER ACTE.

ACTE II.

Le Théâtre représente une salle éléga-
ment décorée, elle donne sur les jar-
dins.

SCÈNE PREMIÈRE.

Alswithe paraît au milieu des femmes de
sa suite. L'inquiétude l'accable. Elle tremble
pour les jours de son père, à tout moment
elle croit entendre quelqu'un s'avancer...
elle écoute... Viendrait-on lui annoncer la
mort du comte Edelbert... son agitation est
cruelle... on accourt... elle frémit.

SCENE II.

C'est Alfred qui lui rend son père, c'est
le page dont la joie est le garant du courage qu'il a déployé.

Un si grand bienfait, la liberté de l'auteur
de ses jours, est au-dessus de toute reconnaissance. Alswithe ivre de bonheur, s'approche en rougissant, de son bienfaiteur...
ses yeux attendris se lèvent sur lui avec
timidité... Alfred la considère avec un sentiment plus vif que celui de l'intérêt, et dans
cette situation il oublie de cacher sa blessure.
Alswithe la voit, s'inquiète, veut la panser et
semble heureuse, quoique son cœur soit
allarmé, de pouvoir être utile à celui dont
les services resteront gravés dans son cœur.

Après ces premiers instants donnés à la
reconnaissance, le comte Edelbert s'aperçoit qu'Alfred est fatigué, qu'il a besoin de
repos. Il ordonne aux paysans de se retirer,
et lui-même s'éloigne avec sa fille, qui ne
consent à quitter Alfred qu'en lui deman-
dant avec un regard plein de tendresse, la
permission de veiller sur lui, de soigner sa
blessure.

SCÈNE III.

A peine Alfred est-il seul avec son page,
qu'oubliant ses fatigues et le sommeil, il
exprime pour Alswithe l'amour le plus vif,
le plus passionné; Oliver s'en étonne, il veut
en rire. Le jeune roi posant la main sur son
cœur, fait connaître qu'un attrait inexpri-
mable s'est emparé de tous ses sens.

SCÈNE IV.

Un bruit léger se fait entendre... Alfred
pense que c'est Alswithe qui revient pour
exercer sur lui une tendre surveillance. En
effet c'est elle; le june roi et son page feignent de dormir. La jeune comtesse paraît.
Elle entre avec mystère, s'approche d'Alfred, le regarde avec intérêt, avec amour
et s'afflige en voyant les habits qui le couvrent. Son rang les sépare à jamais; du
moins, dit-elle, appelons pour le charmer
les songes légers, gracieux... elle fait signe
à ses femmes d'entrer. Des roses nouvelles

son effeuillées sur le lit d'Alfred. Au son de la harpe des danses se forment autour de lui. Alfred soupire... Alwisthe qui croit qu'il se réveille, veut fuir. Le jeune roi se lève tout à coup, l'arrête, les femmes seules entraînées par le page, sortent de l'appartement.

SCENE V.

Alfred feint de regarder avec surprise les bouquets de roses qui couvrent son lit de repos; la jeune comtesse lui répond que cet hommage lui était dû.

Cédant à sa vive et subite passion, le jeune roi est prêt à se faire reconnaître; mais craignant de devoir à son rang le cœur de celle qu'il aime, il retient un aveu qui voudrait lui échapper.

De son côté, la jeune comtesse tendrement éprise, contient avec peine le sentiment de bonheur que lui fait éprouver Alfred. Mais il n'est qu'un berger, malgré ses

dehors flatteurs, elle doit combattre ses se-
crètes pensée s

Cette double situation donne à leur en-
trevue, un air d'embarras, de trouble qui
ajoute au charme de leur amour.

SCÈNE VI.

Cependant, pouvaient-ils rester long-
temps dans cette position qui contrariait
leur cœur? Sans le retour du comte peut-
être allaient-ils se trahir?

Le comte Edelbert revient près de sa
fille et d'Alfred, suivi d'Odun jeune seigneur
fiancé à Alswithe.

Celui-ci, suivi du jeune chevalier vainqueur des Danois, présente à la jeune comtesse le drapeau conquis sur l'ennemi. Alswithe lui en témoigne sa reconnaissance,
mais avec une froideur qui inquiète Odun.
Il en cherche le motif et croit le trouver
en apercevant un jeune étranger sur lequel
sont fixés les regards de celle qu'il doit
épouser.

Jaloux de cette préférence, Odun témoigne son ressentiment. Le comte le rassure en lui disant qu'il doit la liberté, la vie au jeune berger qui est devant ses yeux. A ce récit, Odun s'appaise, tend la main à Alfred qui répond à cette preuve d'affection, et s'éloigne avec ses chevaliers pour ordonner la fête du triomphe. Les chevaliers sortent après avoir rendu hommage à Alswithe, et le comte Edelbert embrassant sa fille, semble l'inviter à couronner les vœux d'Odun. Alfred, pendant ces adieux, se cache adroitement pour rester près de la jeune comtesse.

SCÈNE VII.

Si l'amour nous permet de cacher nos pensées, la jalousie ne nous laisse pas maîtres de nous. Alswithe seule ne peut retenir sa douleur, elle verse des larmes, se désespère. Elle n'aime .pas Odun, et un pauvre berger ne peut être son époux. Au milieu de ces réflexions qui la désolent, Alfred paraît. Il s'avance d'un air tendre et soumis. Il annonce l'intention de quitter le château. Alswithe que ce départ surprend, lui dit que sa blessure exige du repos. Alfred pose la main sur son cœur et répond : c'est là que la blessure est plus dangereuse. La jeune comtesse rougit, Alfred lui avoue, lui déclare son amour.

L'embarras d'Alswithe ne peut s'exprimer; partagée entre sa tendresse et l'orgueil de son rang, elle hésite à répondre, enfin elle déclare qu'un homme placé par le sort dans la classe du peuple, ne peut être son époux. Alfred morne, silencieux, va s'éloigner... Alswithe le retient presque malgré elle, et pénétrée subitement d'une idée qui semble lui promettre le bonheur, elle invite le jeune berger à s'adonner au métier des armes, à combattre l'ennemi, à le vaincre, à remettre Alfred sur le trône, à s'élever enfin par son courage et ses services.

Alfred, que cet amour de la jeune comtesse pour le roi, anime d'un noble enthou-

siasme, jure d'accomplir sa volonté, Alswithe lui tend la main qu'il baise avec un
tendre respect.

SCÈNE VIII.

Des pages se présentent devant la jeune
comtesse ; de la part de son père et d'Odun.
La fête est préparée. On n'attend plus
qu'Alswithe. Alfred offre de la conduire, elle
accepte sa main.

---

*Le Théâtre change et représente la salle
de réception des Chevaliers, elle est
ornée de deux grands tableaux plus
remarquables que les autres.*

SCENE IX.

Des Chevaliers conduisant leurs dames,
viennent féliciter le brave Odun, sur la
victoire qu'il a remportée ; les fêtes de
la Chevalerie, les danses célèbrent ce
triomphe. Tout le monde y prend part,

excepté Alfred et la jeune comtesse.
Leurs regards attachés l'un sur l'autre,
ne peuvent être distraits par les group-
pes nobles et gracieux qui se forment autour
d'eux.

SCENE X.

Tout à coup la fête est interrompue.
Oliver, le page d'Alfred, accourt d'un air
effrayé; il annonce que les Danois sont à la
poursuite d'Alfred... La terreur est générale,
Alfred seul part calme.

SCENE XI.

Le brave Denulf et sa famille viennent
ajouter à l'effroi déjà si grand. Ils annoncent que les Danois ont livré leur village
aux flammes, et montrent que leur habitation est incendiée; l'indignation est dans
tous les regards des Chevaliers. Alfred ne
peut contenir sa fureur. Le bon fermier en
est effrayé... Le jeune roi va se trahir. En
effet le comte Edelbert frappé de la noblesse

du jeune berger, et le considérant avec plus d'attention, s'approche d'un tableau dont il fait partir le ressort, et découvre le portrait d'Alfred. A cette vue Denulf et le page tombent aux pieds de leur souverain. Alfred entrainé par des transports si vifs, ne peut plus se cacher, il se nomme, et dit à tous qu'il est ce roi que poursuivent les Danois.

Aussitôt les épées, les armes des Chevaliers s'agitent, s'élèvent sur la tête d'Alfred; tous jurent de mourir pour lui.

Alswithe que cette reconnaissance imprévue a électrisée, ne veut pas elle-même abandonner Alfred au sort des combats; elle doit partager ses dangers, et après avoir armé le roi de ses mains, elle prend une cuirasse, un casque, une épée; le signal du départ est donné, elle suit son père, son amant et les Chevaliers qui vont rétablir Alfred sur le trône; pendant cette sortie où règne l'enthousiasme de la gloire, les Dames et les Villageoises invoquent le ciel pour le succès des armes des Saxons.

FIN DU DEUXIEME ACTE.

ACTE III.

Le théâtre représente l'intérieur de la tente du général Danois, Gothrun.

SCENE PREMIERE.

Gothrun paraît d'un air préoccupé; il médite le plan de bataille qu'il doit donner aux Saxons.

SCENE II.

Quelques Soldats pénètrent dans la tente conduisant un prisonnier devant le général, Ce prisonnier est le comte Edelbert. Après avoir témoigné sa joie en voyant un ôtage de cette importance, Gothrun essaye de ramener le comte à la cause des Danois. Edelbert répond qu'il mourra fidèle plutôt que d'être parjure. Aussitôt les épées s'élèvent sur lui et menacent son sein, il va tomber percé de coups.

SCENE III.

Sa fille accourt et se précipite sur le corps de son père pour le garantir de la mort et la recevoir. Ce dévouement arrête les assasins, Gothrun lui-même est attendri et promet à Alswithe la grâce de son père s'il veut renoncer au parti d'Alfred.

Ce nouvel effort est inutile... Edelbert et sa fille font ensemble le serment de mourir pour leur malheureux roi.

Gothrun indigné est prêt à donner l'ordre cruel de les frapper tous deux.

SCENE IV.

Un vieux guerrier Danois arrive en toute hâte; il annonce au camp la mort d'Alfred. C'est lui qui l'a frappé.

Pendant que tous les officiers se livrent à la joie, le vieux soldat se fait reconnaître au comte et à sa fille; c'est Denulf, le fidèle Denulf sous le costume d'un soldat ennemi, il a pénétré dans le camp pour donner une fausse nouvelle. Alfred n'est pas mort, il se dispose au contraire à venir attaquer les Danois. Edelbert et Alswithe contiennent leur joie, et feignent de pleurer Alfred.

Gothrun voulant reconnaître le service que lui a rendu le vieux soldat, lui promet une forte récompense, et pour gage de sa confiance, le charge de la garde des prisonniers, puis il va donner à son armée la nouvelle de la mort du roi des Saxons.

SCENE V.

Aussitôt que le général est éloigné, Denulf dit qu'il vient pour délivrer son seigneur et Alswithe. Edelbert veut rester dans les fers, Alswithe le conjure de profiter d'un moment favorable, et de se rendre encore utile à son roi. Elle triomphe de sa résistance; ils s'éloignent guidés par leur libérateur.

Le théâtre change et représente le camp des Danois.

SCENE VI.

Pendant l'absence du général, la discipline est négligée, oubliée même; les soldats se livrent à tous les excès du jeu, de la danse, ils boivent, s'amusent aux exercices des fêtes pastorales. Enfin ce n'est plus l'aspect du camp, mais d'un lieu de réjouissance publique.

SCENE VII.

Alfred paraît sur le pont, déguisé en musicien Danois; il est accompagné du jeune page. La joie qui règne dans le camp facilite son entrée, il vient mêler les sons du luth aux accens de l'ivresse générale. Aussitôt tous se groupent autour de lui, écoutant avec intérêt l'air qu'il joue, et s'empressent de le récompenser en donnant quelques pièces de monnaie à son petit conducteur.

Oliver qui est instruit du motif pour lequel Alfred a pénétré dans le camp des Danois, cherche par sa gentillesse, ses grâces, à occuper à son tour les soldats ainsi que les dames qui sont venues se mêler aux jeux des officiers; il y parvient, il danse, les invite à l'imiter, et pendant ces instans de distraction, Alfred prend connaissance de toutes les issues du camp favorables à ses desseins.

SCENE VIII.

Au moment où les Danois cèdent tous aux charmes de la danse, Gothrun arrive, et témoigne son indignation, en voyant des soldats oublier leur devoir, des officiers donner eux-mêmes l'exemple de l'indiscipline. Ceux-ci n'écoutent qu'avec humeur les remontrances du général, et les soldats semblent rire des ordres sévères qu'il leur donne. Tout le monde s'éloignant de Gothurn, Alfred et son page ne peuvent échapper à ses regards. Il les voit, et s'étonne qu'on ait osé admettre deux étrangers dans le camp; malgré les prières qu'on lui adresse, en réprésentant ces deux joueurs de luth comme deux mendians, il ordonne qu'on les chasse à l'instant même. Alfred et Oliver sortent, en témoignant, par leurs regards, l'impatience qu'ils éprouvent de voir à leur tour chasser Gothrun lui-même, ainsi que son armée.

SCENE IX.

Gothrun, dès qu'ils sont partis, réprimande encore ses guerriers. Lorsque ceux-ci, fatigués de ces reproches, se disposent à rentrer sous leurs tentes, on annonce la présence de l'ennemi.

SCENE X.

En effet, Les Saxons paraissent à la tête du pont. Le combat s'engage avec fureur. Odun, pour forcer les défenseurs d'Alfred à la victoire, prend l'étendard sacré des mains d'Adelmo, et le jette au milieu des Danois. Alors les Saxons ne connaissent

plus aucun danger; ils franchissent le pont,
en culbutant l'ennemi; et, guidés par Alfred qui fait des prodiges de valeur, ils cou-
rent, ils volent ressaisir leur drapeau.

La bataille devient générale. Des prodiges de valeur signalent les deux partis. On
remarque, au milieu des combattans, le
jeune Adelmo, fiancé de Bertha, qui suit
les pas d'Alfred, dans l'espoir de sauver ses
jours; en effet, Alfred poursuivi, cerné par
les Danois, va périr; Adelmo accourt et
au péril de sa vie délivre son roi.

Enfin, après des efforts inouis excités par
l'amour de la patrie, les Danois prennent
la fuite; Alfred et ses guerriers les poursuivent.

SCENE XI.

Les chants de triomphe succèdent aux
cris de la guerre. Le comte Edelbert et sa
fille, délivrés par le fidèle Denulf, arrivent
à temps pour apprendre cette heureuse
nouvelle et assister aux fêtes de la victoire.

Une marche triomphale annonce le retour d'Alfred, vainqueur de ses ennemis, conquérant de son trône. Il paraît porté sur un pavois, entouré de ses officiers, de ses défenseurs. Ses vassaux le devancent et jonchent la terre de fleurs et de lauriers.

Rien ne peut égaler l'étonnement de Gothrun et des Danois, en voyant Alfred sous les habits royaux, lui qu'ils croyaient mort.

Tous les soldats s'inclinent devant lui; Gothrun seul reste debout. Bien loin de le punir de sa fierté courageuse, Alfred lui pardonne, lui laisse la liberté, la vie. Reconnaissans de ce bienfait, les Danois jurent fidélité au roi, en levant les mains sur la banière des Saxons.

Denulf, Adelmo et Oliver se précipitent dans les bras de leur souverain. Alfred pourrait-il oublier ses compagnons d'infortune?

Alswihte, retenue par un sentiment de crainte et de bonheur, en reconnaissant le roi dans celui qu'elle prenait pour un berger,

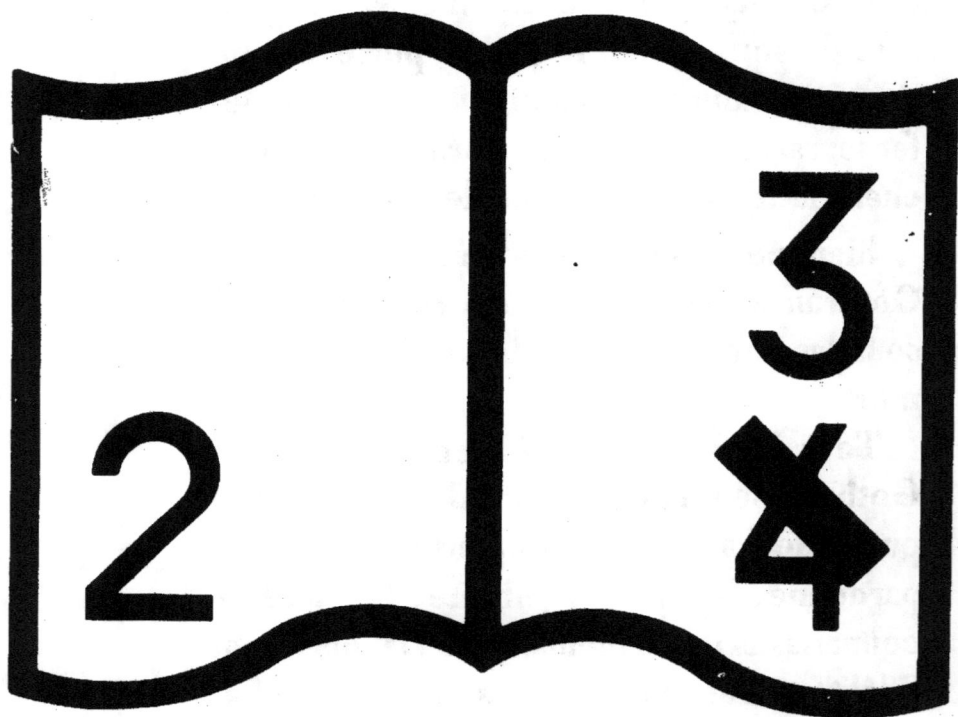

Pagination incorrecte — date incorrecte

NF Z 43-120-12

Alwithe n'ose lever les yeux. Alfred s'approche d'elle, lui rappelle la promesse qu'elle a faite de lui donner sa main, si le roi remonte sur son trône. Alswilhe interroge son père par un regard plein de désirs; Edelbert, ivre de joie, consent à cette honorable alliance, si Odun ne s'y oppose pas, car sa fille lui a été promise.

Alfred, allant vers Odun, lui demande s'il peut faire un si grand sacrifice. Odun répond en baisant les mains du monarque.

Des soldats ont dressé une tente royale, sous laquelle est un trône paré de trophées d'armes, entrelacés de lauriers.

C'est sous ce dais qu'Alfred conduit la belle Alswilhe qu'il couronne de ses mains.

Les nobles, les soldats et le peuple expriment leur joie et leur bonheur.

FIN.

www.ingramcontent.com/pod-product-compliance
Lightning Source LLC
LaVergne TN
LVHW022200080426

835511LV00008B/1481